健身私人教练系列

做自己的健身教练，打造S曲线

S曲线哑铃健身操

《健身私人教练》编写组 / 编

化学工业出版社
·北京·

图书在版编目（CIP）数据

S曲线哑铃健身操/《健身私人教练》编写组编．—北京：化学工业出版社，2016.7
（健身私人教练系列）
ISBN 978-7-122-27137-2

Ⅰ.①S… Ⅱ.①健… Ⅲ.①哑铃（健身运动）-基本知识 Ⅳ.①G835.4

中国版本图书馆CIP数据核字（2016）第114386号

责任编辑：宋　薇　　　　装帧设计：望　芳
责任校对：程晓彤

出版发行：化学工业出版社（北京市东城区青年湖南街13号　邮政编码100011）
印　　装：北京画中画印刷有限公司
710mm×1000mm　1/16　印张5　字数168千字　2016年9月北京第1版第1次印刷

购书咨询：010-64518888（传真：010-64519686）　售后服务：010-64518899
网　　址：http://www.cip.com.cn
凡购买本书，如有缺损质量问题，本社销售中心负责调换。

定　　价：49.80元　

随着年龄的增长，一些肌肉会痉挛、僵硬，除此之外，或许你还会发现，哪怕自己维持和以前一样的饮食习惯也会慢慢发胖；哪怕保持和从前一样的运动量，即使体重没变，但腰围和臀围却变大了。

《S 曲线哑铃健身操》想要与你分享的是：

- 如何缓解肌肉紧张，让身体更加放松；
- 如何通过后天努力重塑“S”形身材。

《S 曲线哑铃健身操》告诉你其实每个人都可以用最简单的方法变美：

- 不论你的年龄是大还是小；
- 不论身体的柔韧性是好还是坏；
- 不论你是否经常进行健身锻炼。

目录 contents

第一部分 身体唤醒动作

预备姿势

原地踏步2个8拍，再成丁字步站立，两脚分开约45度；
身体直立，肩膀放松；
双手自然放于体侧，贴紧大腿；
眼睛平视正前方。

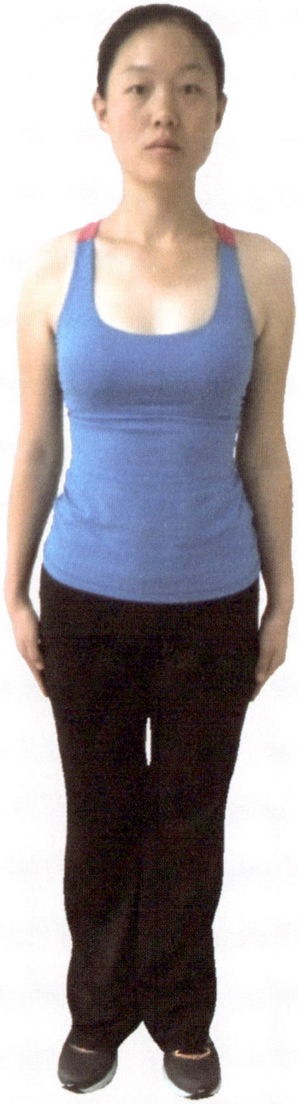

热身操 10个8拍

12345678

1–2

右臂向前抬起，肩肘在一条直线上。

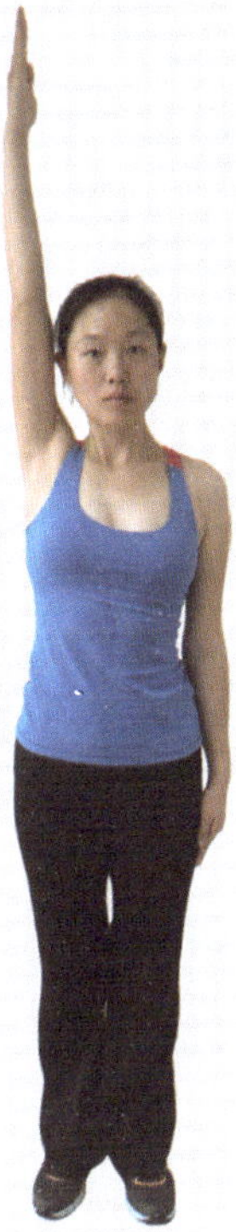

3–4

右臂上举，掌心向内，指尖指向天花板。

5–6

右臂由上向前绕环，掌心向下，成侧平举。

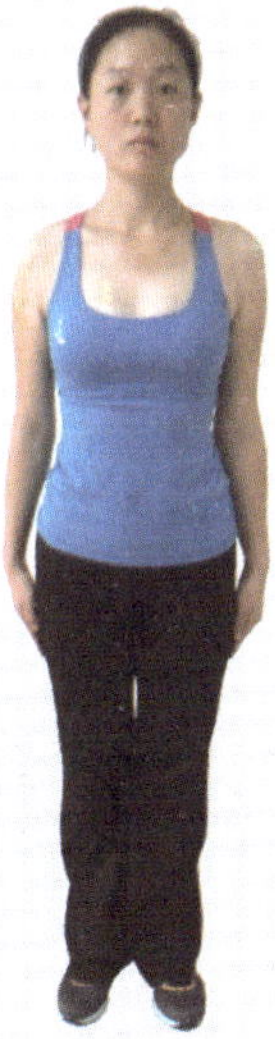

7–8

右臂放下，成预备式站立。

2 2345678

1–2

左臂向前抬起，肩肘在一条直线上。

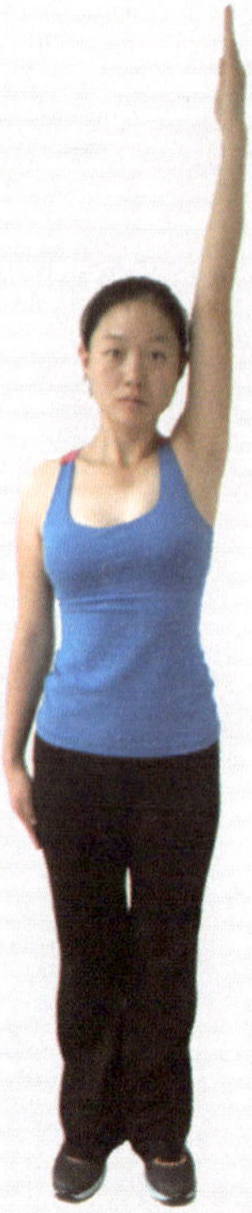

3–4

左臂垂直上举，掌心向内，指尖指向天花板。

5–6

左臂由上向前绕环，掌心向下，成侧平举。

7–8

左臂放下，成预备式站立。

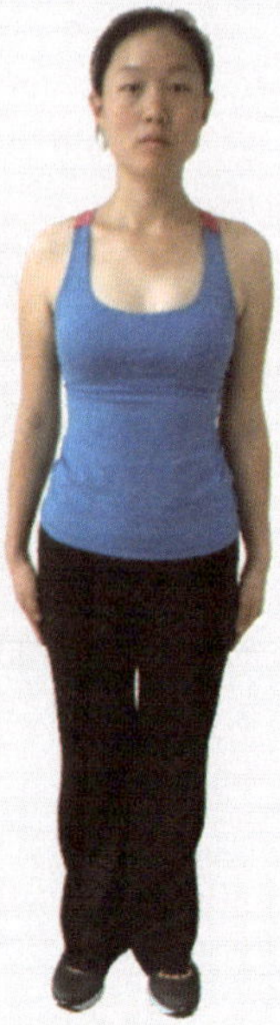

3 2 3 4 5 6 7 8

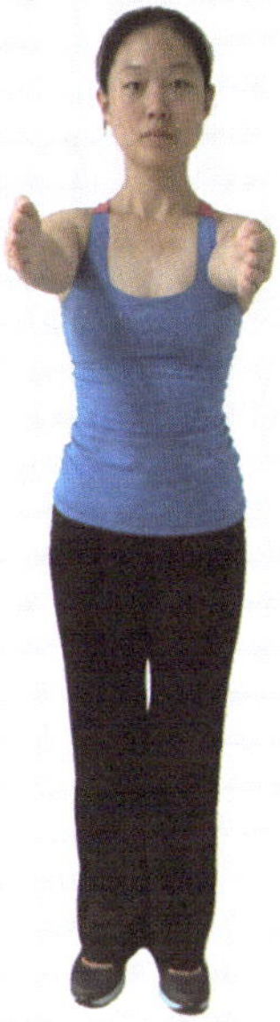

1–2

双臂同时向前抬起，肩肘在一条直线上。

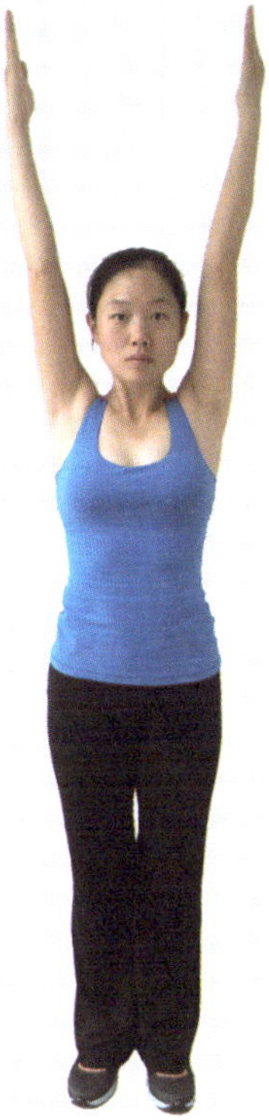

3–4

双臂上举，掌心相对，指尖指向天花板。

5–6

向前绕环，双臂侧平举。

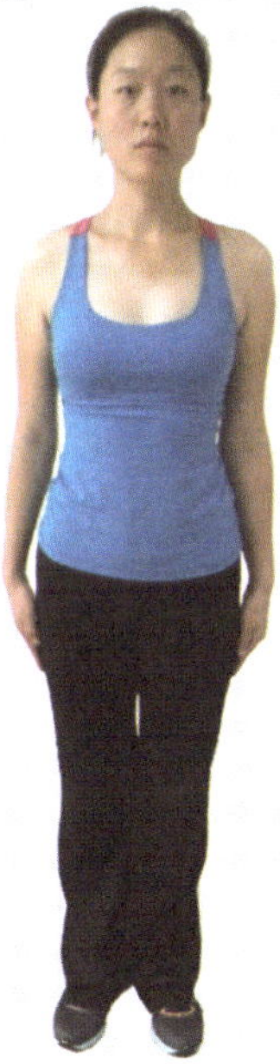

7–8

放下，成预备式站立。

4 2 3 4 5 6 7 8

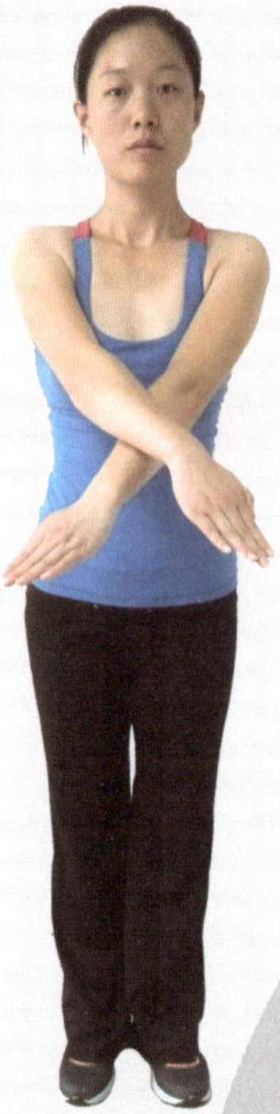

1

双臂向前交叉，左臂在下，右臂在上。

2

手臂绕环打开，双臂上举，掌心向内。

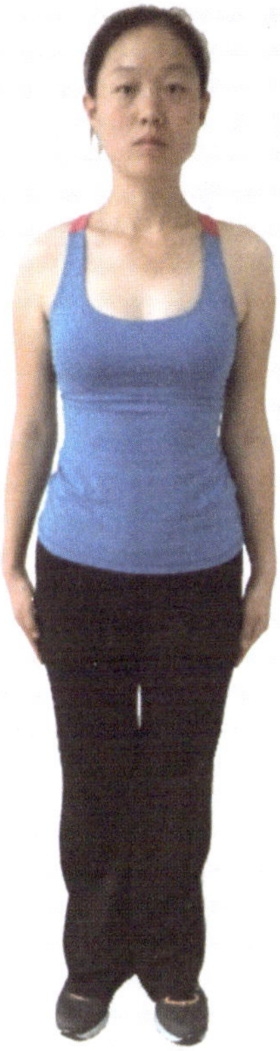

3-4

双臂放下，成预备式站立。

5

双臂向前交叉，左臂在下，右臂在上。

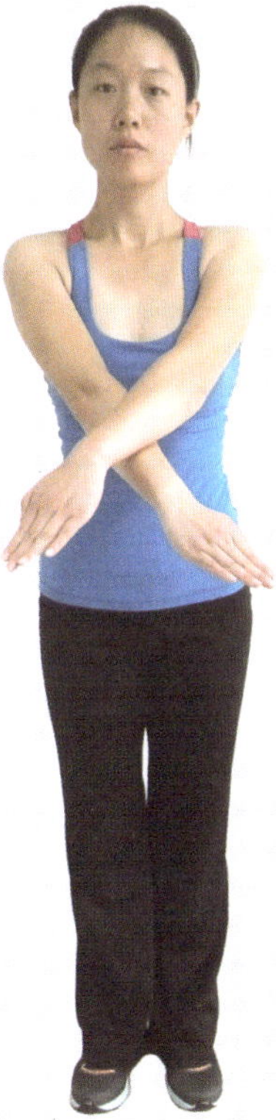

6

手臂绕环打开，双臂上举，掌心向内。

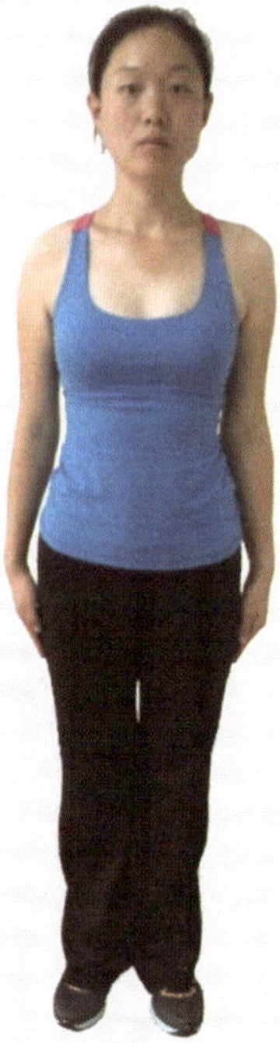

7-8

双臂放下，成预备式站立。

52345678

1

左臂斜向下 45 度，
右臂斜向上 45 度打开。

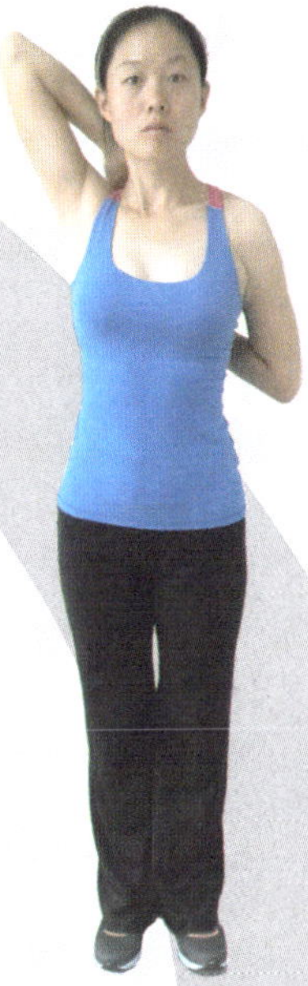

2–6

向后屈肘，
双手在身后手指相扣，
牵拉手臂。

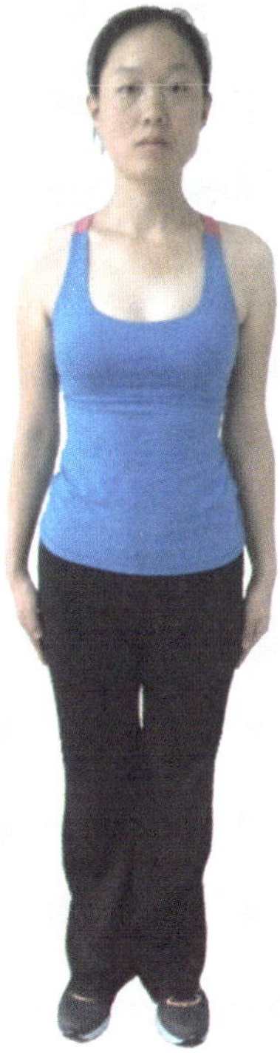

7–8

双臂放下，
成预备式站立。

62345678

1

右臂斜向下45度，左臂斜向上45度打开。

2–6

向后屈肘，双手在身后手指相扣，牵拉手臂。

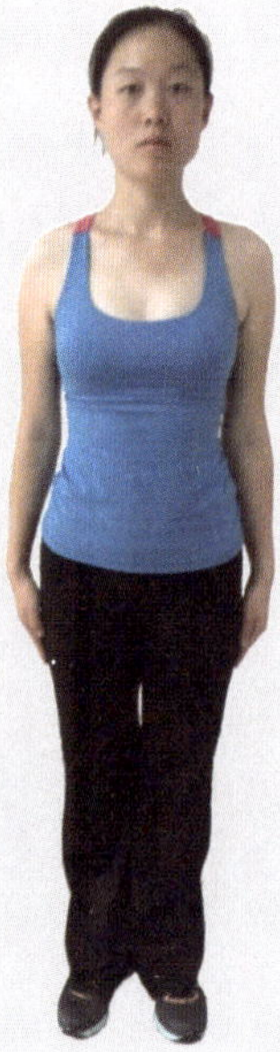

7–8

双臂放下，成预备式站立。

72345678

1-6

双脚开立，成左弓步；
上体左转 90 度，眼睛看向正前方；
双手放在左侧大腿上；
上下振压，牵拉大腿内侧肌肉。
上身始终保持正直。

7-8

还原，
成预备式站立。

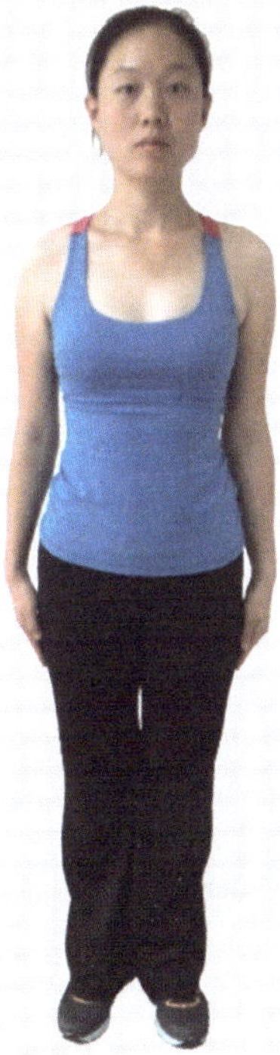

8 2 3 4 5 6 7 8

1–6

双脚开立，成右弓步；上体右转 90 度，眼睛看向正前方；双手放在右侧大腿上；上下振压，牵拉大腿内侧肌肉。上身始终保持正直。

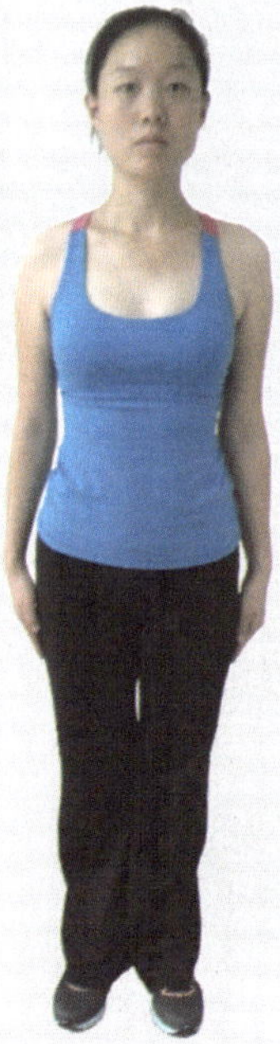

7–8

还原，成预备式站立。

92345678

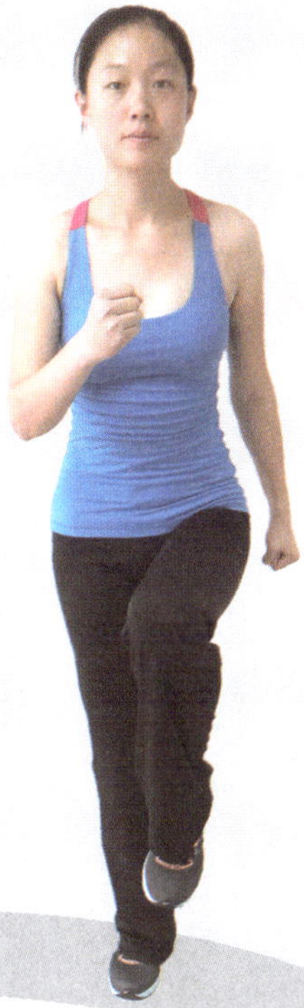

1/3/5/7

双手握拳，原地踏步，左脚上提，同时右臂向前摆动，左臂向后摆动。

2/4/6/8

双手握拳，原地踏步，右脚上提，同时左臂向前摆动，右臂向后摆动。

10 2345678

重复第9个8拍的踏步动作。

第二部分 打造S曲线

预备姿势

自然站立，双手握紧哑铃；

双臂自然下垂，放于身体两侧，哑铃贴近腿部；

双眼平视身体正前方。

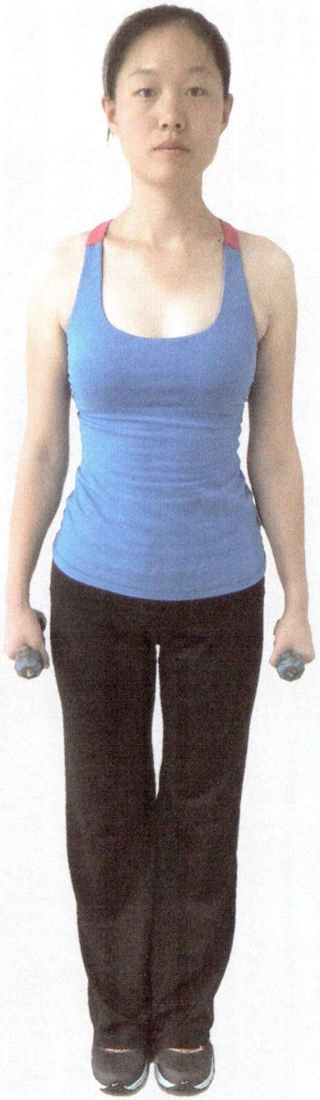

第一节 4个8拍

12345678

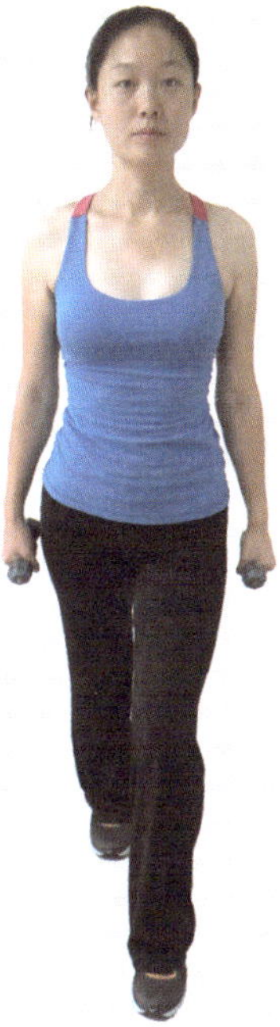

1-2

左脚向前跨出一步，双膝微屈；上体直立，与地面成 90 度角；双臂自然下垂，放于身体两侧。

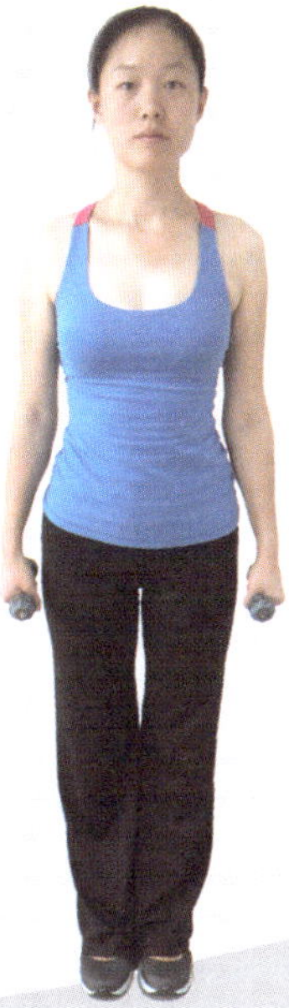

3-4

收回左脚，恢复到预备姿势。

5-6

右脚向前跨出一步，双膝微屈；上体直立，与地面成 90 度角；双臂自然下垂，放于身体两侧。

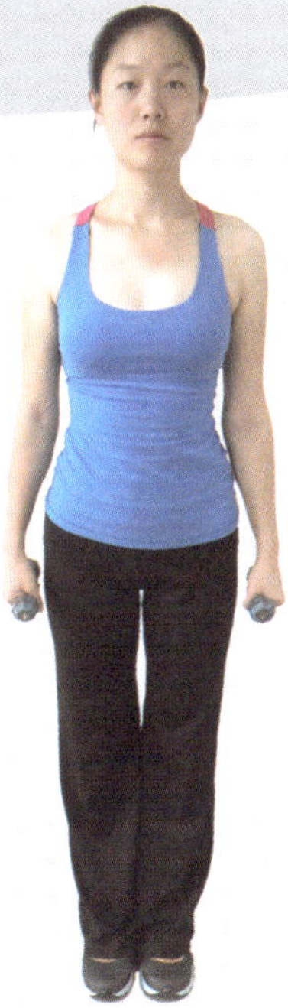

7-8

收回右脚，恢复到预备姿势。

22345678

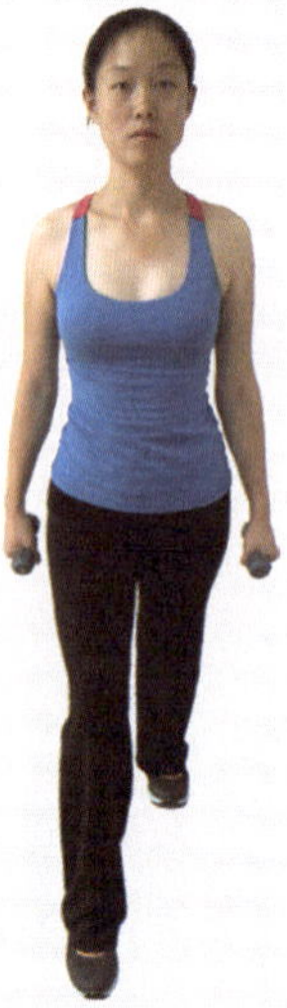

1–2

右脚向前跨出一步，双膝微屈；上体直立，与地面成 90 度角；双臂自然下垂，放于身体两侧。

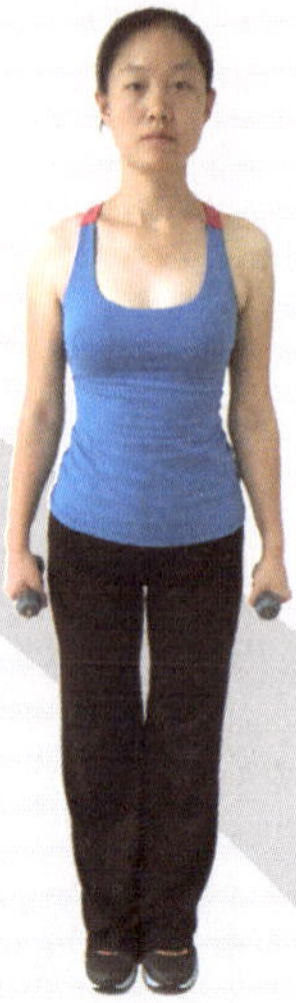

3–4

收回右脚，恢复到预备姿势。

5–6

左脚向前跨出一步，双膝微屈；上体直立，与地面成 90 度角；双臂自然下垂，放于身体两侧。

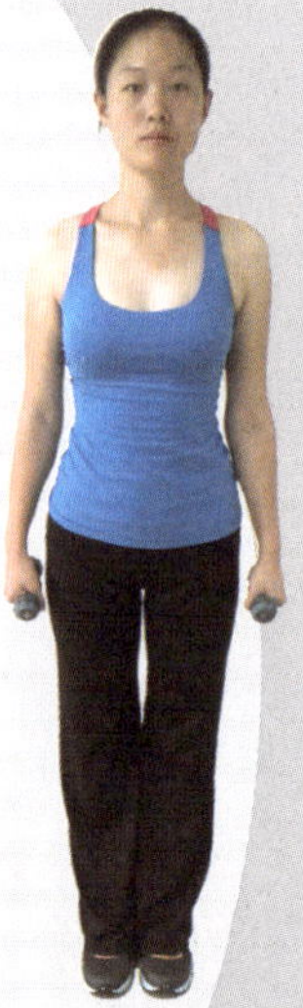

7–8

收回左脚，恢复到预备姿势。

3 2345678

1–2

左脚向左跨出一大步；两腿屈膝下蹲，成马步；双脚脚尖外展，双臂微外展。

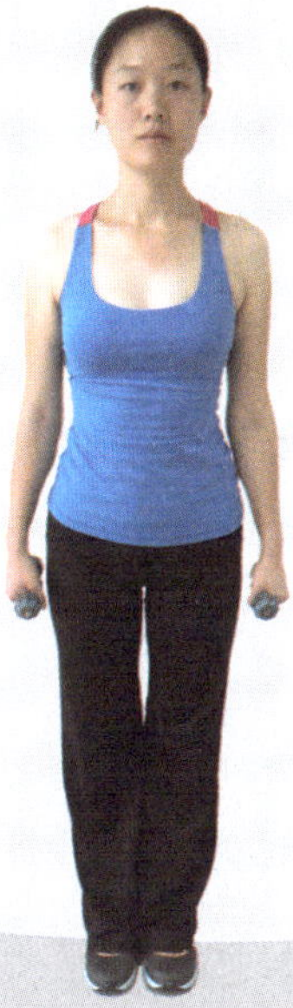

3–4

收回左脚，恢复到预备姿势。

5–6

右脚向右跨出一大步；两腿屈膝下蹲，成马步；双脚脚尖外展，双臂微外展。

7–8

收回右脚，恢复到预备姿势。

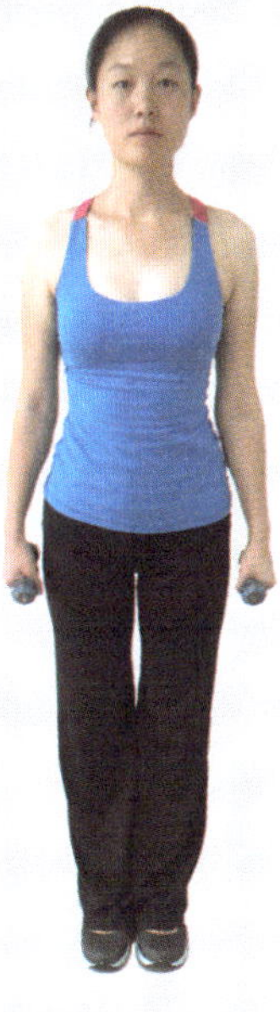

42345678

1–2

右脚向右跨出一大步；两腿屈膝下蹲，成马步；双脚脚尖外展，双臂微外展。

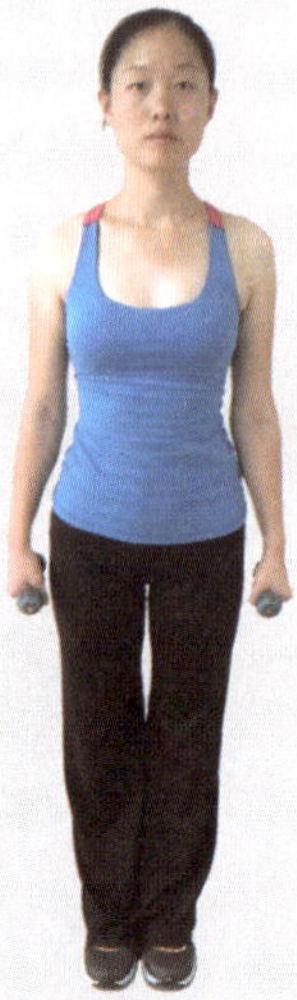

3–4

收回右脚，恢复到预备姿势。

5–6

左脚向左跨出一大步；两腿屈膝下蹲，成马步；双脚脚尖外展，双臂微外展。

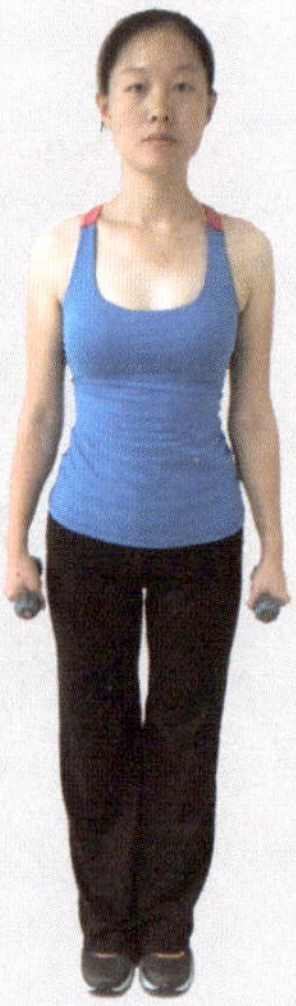

7–8

收回左脚，恢复到预备姿势。

第二节 4个8拍

12345678

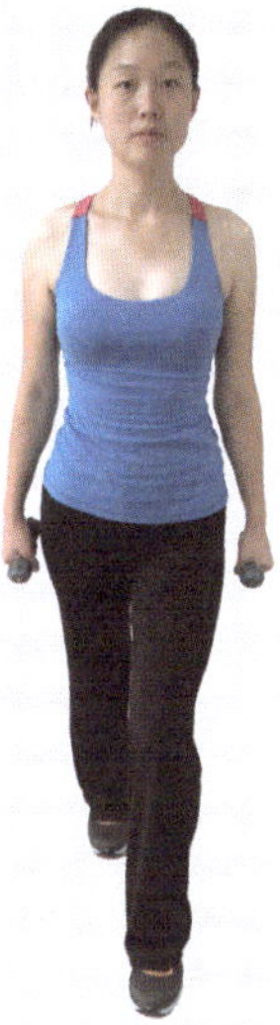

1–2

左脚向前跨出一步，双膝微屈；
上体直立，与地面成90度直角；
双臂自然下垂，放于身体两侧。

3–4

双手握紧哑铃；
双臂侧平举；
肩、肘、手保持在一条直线上。

5–6

双臂放下的同时屈肘；
手臂向下绕环，内收于胸前；
小臂直立，垂直于地面。

7–8

收回左脚，
恢复到预备姿势。

2 2345678

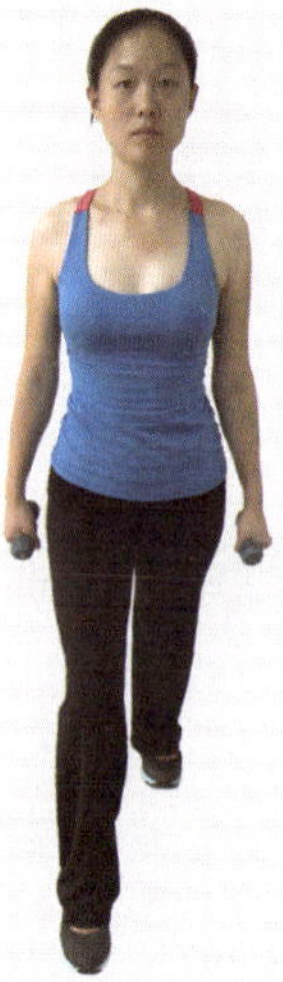

1–2

右脚向前跨出一步，双膝微屈；
上体直立，与地面成 90 度直角；
双臂自然下垂，放于身体两侧。

3–4

双手握紧哑铃；
双臂侧平举；
肩、肘、手保持在一条直线上。

5–6

双臂放下的同时屈肘；
手臂向下绕环，内收于胸前；
小臂直立，垂直于地面。

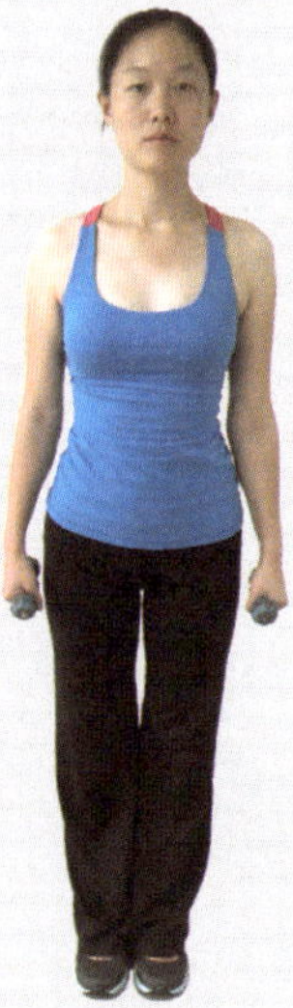

7–8

回收右脚，
恢复到预备姿势。

32345678

1–2

左脚向前跨出一步，双膝微屈；
上体直立，与地面成 90 度直角；
双臂自然下垂，放于身体两侧。

3–4

双手握紧哑铃；
双臂侧平举；
肩、肘、手保持在一条直线上。

5–6

双臂放下的同时屈肘；
手臂向下绕环，内收于胸前；
小臂直立，垂直于地面。

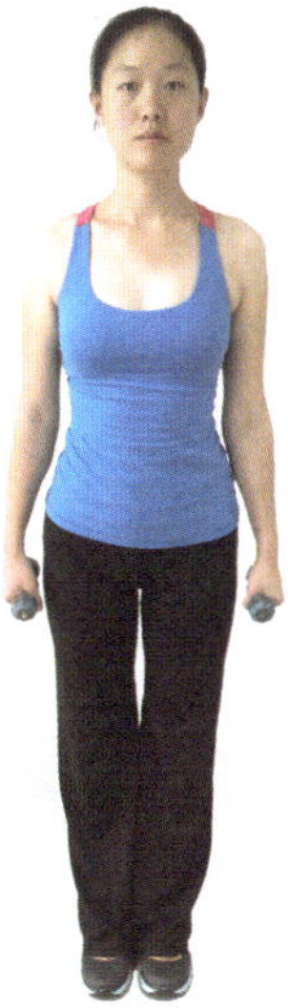

7–8

收回左脚，恢复到预备姿势。

4 2 3 4 5 6 7 8

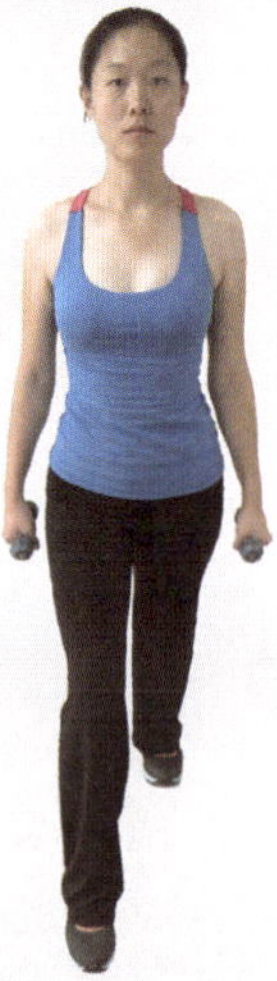

1-2

右脚向前跨出一步，双膝微屈；
上体直立，与地面成90度直角；
双臂自然下垂，放于身体两侧。

3-4

双手握紧哑铃；
双臂侧平举；
肩、肘、手保持在一条直线上。

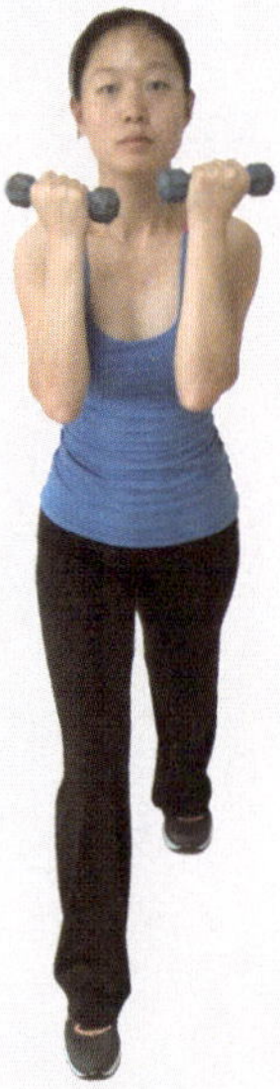

5-6

双臂放下的同时屈肘；
手臂向下绕环，内收于胸前；
小臂直立，垂直于地面。

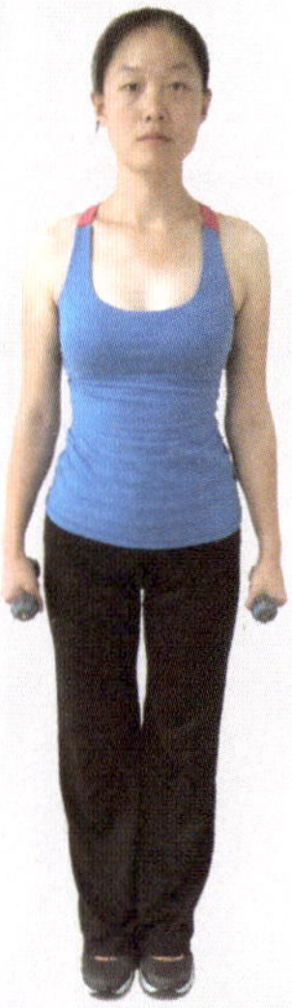

7-8

收回右脚，
恢复到预备姿势。

第三节 4个8拍

12345678

1-2

双臂侧平举，拳心朝前；
肩、肘、手保持在一条直线上；
眼睛平视身体正前方。

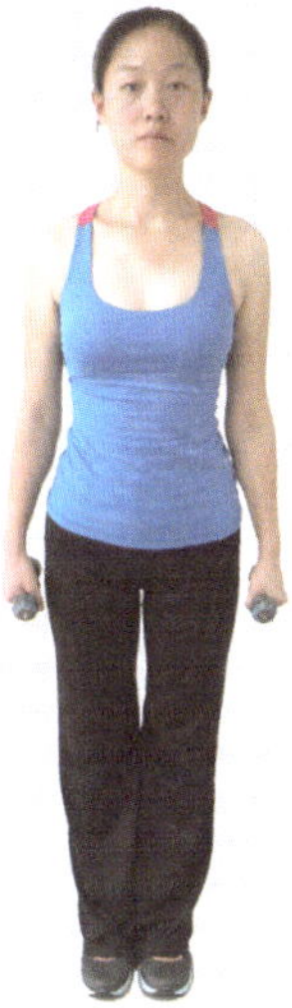

3-4

双臂放下，
双臂自然下垂。

5-6

双脚左右打开，约与肩同宽；
双脚打开的同时双臂屈肘；
大臂内收于胸前，小臂垂直于地面。

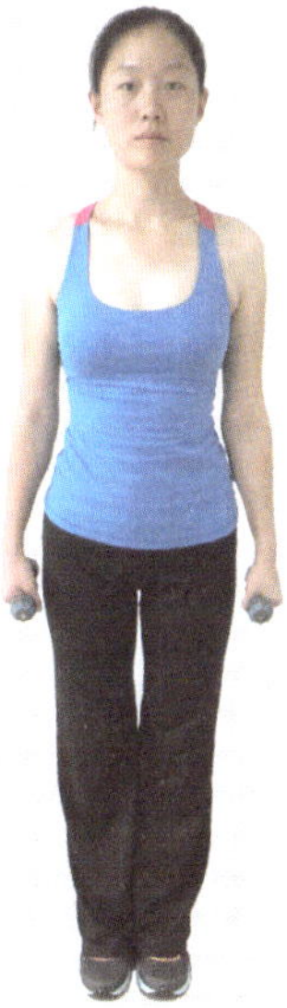

7-8

双臂放下，
双臂自然下垂，
恢复到预备姿势。

2 2345678

1–2

双臂侧平举，拳心朝前；
肩、肘、手保持在一条直线上；
眼睛平视身体正前方。

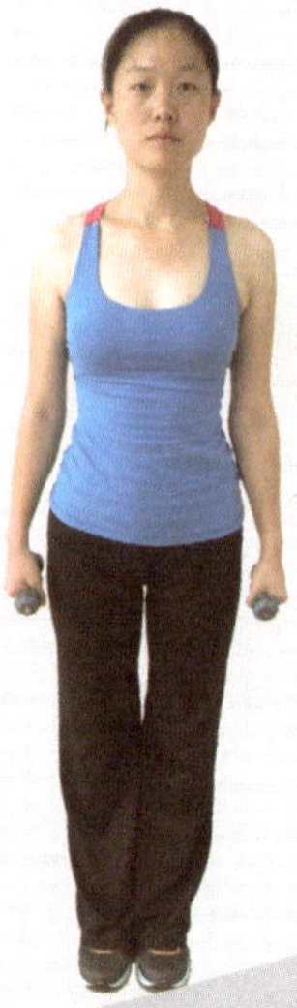

3–4

双臂放下，
双臂自然下垂。

5–6

双脚左右打开，约与肩同宽；
双脚打开的同时双臂屈肘；
大臂内收于胸前，小臂垂直于地面。

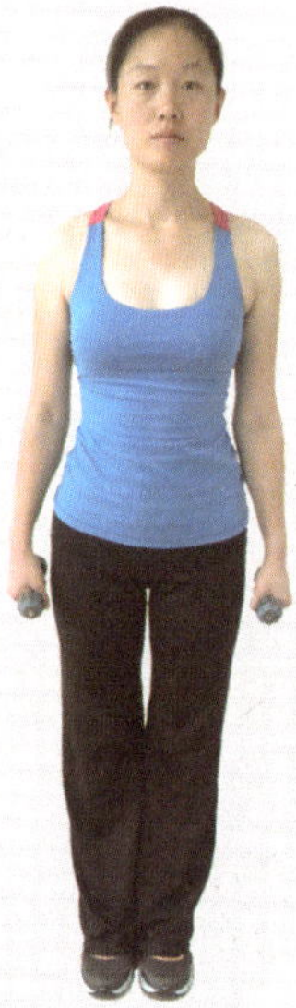

7–8

双臂放下，
双臂自然下垂，
恢复到预备姿势。

32345678

1–3

双脚左右打开；
双脚打开的同时双臂侧平举；
手心由前向上转腕 2 次。

4

手握哑铃，
双臂侧平举。

5–7

双肘弯曲，双臂内收于胸前；
向下扣腕，手心斜向下。

8

腕部向上，
手心向内。

4 2345678

1–3

双脚左右打开；双脚打开的同时双臂侧平举；手心由前向下转腕 2 次。

4

手握哑铃，双臂侧平举。

5–7

双肘弯曲，双臂内收于胸前；向下扣腕，手心斜向下。

8

腕部向上，手心向内。

第四节 8 个 8 拍

1 2345678

1

左脚向前跨出一步，双膝微屈；
上体直立，与地面成 90 度直角；
双臂自然下垂，放于身体两侧。

2

抬右侧小腿的同时，右腿向后屈膝；
右脚脚尖绷直；
身体重心落在左脚上。

12345678

3

右脚脚尖点地。

4

抬右侧小腿的同时，右腿向后屈膝；右脚脚尖绷直；身体重心落在左脚上。

5

右脚脚尖点地。

6

抬右侧小腿的同时，右腿向后屈膝；
右脚脚尖绷直；
身体重心落在左脚上。

7

右脚脚尖点地。

8

重心后移，落在右脚上；
左脚屈膝，大腿平行于地面，小腿垂直于地面；
左脚脚背绷直；
提膝的同时双臂屈肘，内收于胸前；
双手握紧哑铃，手腕绷紧。

2 2345678

1–2

左小腿弹动，前踢；
踢腿的同时双臂上举；
手臂伸直，手心朝前，手腕绷紧。

3–4

收回小腿，使小腿垂直于地面；
同时双臂屈肘下拉，内收于胸前，手心向内。

5–6

放下左脚，置于右脚前方，脚跟点地；
屈右膝，后移重心；
同时双臂由前向下拉伸，放于体前；
手腕绷紧，手心向内。

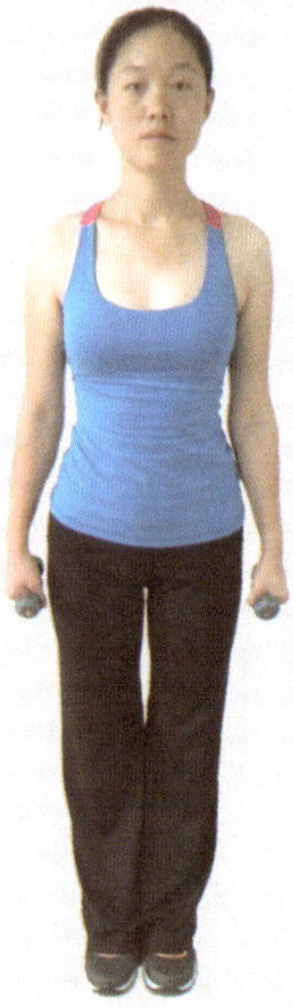

7–8

收回左脚；
双臂自然下垂，放在身体两侧。

3 2 3 4 5 6 7 8

1

右脚向前跨出一步，双膝微屈；
上体直立，与地面成 90 度角；
双臂自然下垂，放于身体两侧。

2

抬左侧小腿的同时，左腿向后屈膝；
左脚脚尖绷直；
身体重心落在右脚上。

3

左脚脚尖点地。

4

抬左侧小腿的同时，左腿向后屈膝；
左脚脚尖绷直；
身体重心落在右脚上。

32345678

5

左脚脚尖点地。

6

抬左侧小腿的同时，左腿向后屈膝；
左脚脚尖绷直；
身体重心落在右脚上。

7

左脚脚尖点地。

8

重心后移，落在右脚上；
左脚屈膝，大腿平行于地面，小腿垂直于地面；
左脚脚背绷直；
提膝的同时双臂屈肘，内收于胸前；
双手握紧哑铃，手腕绷紧。

1-2

右小腿弹动，前踢；
踢腿的同时双臂上举；
手臂伸直，手心朝前，手腕绷紧。

3-4

收回小腿，使小腿垂直于地面；
同时双臂屈肘下拉，
内收于胸前，手心向内。

5-6

放下左脚，置于右脚前方，脚跟点地；
屈右膝，后移重心；
同时双臂由前向下拉伸，放于体前；
手腕绷紧，手心向内。

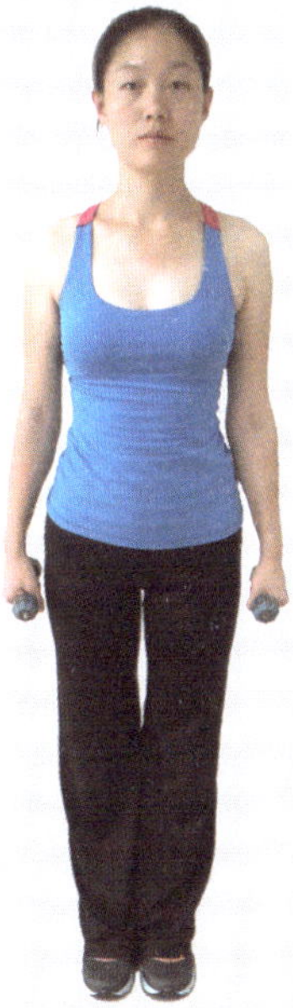

7-8

收回左脚；
双臂自然下垂，放在身体两侧。

4个8拍动作结束后，再重复一遍第1到第4个8拍。

第五节 8个8拍

1 2345678

1

双手握紧哑铃，双臂垂放在身体两侧；上体直立，左脚向左跨一步，左腿绷直；左脚脚尖外展、点地，左脚脚尖比右脚脚尖略靠后；屈右膝，向右顶胯，重心落在右脚。

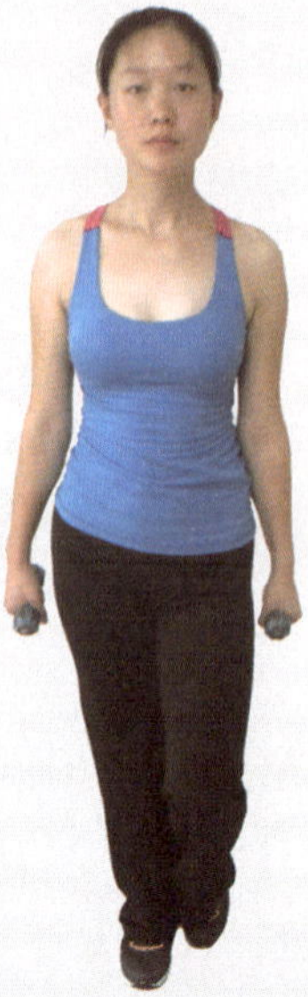

2

左脚收回，靠向右脚；左腿屈膝，脚尖轻点地；右腿绷直。

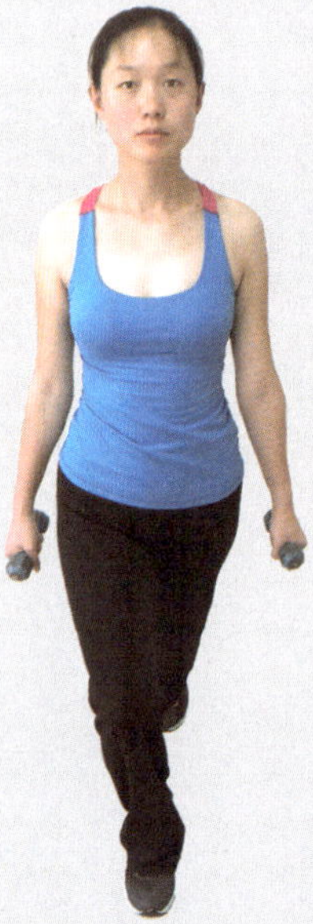

3

左脚向后撤一步，脚尖点地；左腿绷直，屈右膝。

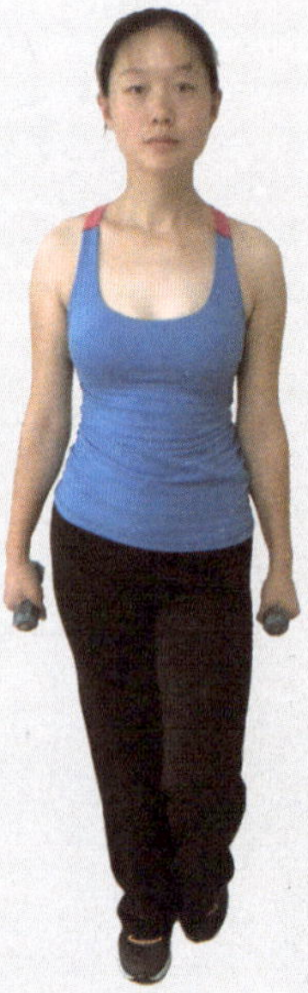

4

屈左膝，收回左脚，脚尖轻点地。

5

双手握紧哑铃，双臂垂放在身体两侧；
上体直立，左脚向左跨一步，左腿绷直；
左脚脚尖外展、点地，左脚脚尖比右脚脚尖略靠后；
屈右膝，向右顶胯，重心落在右脚。

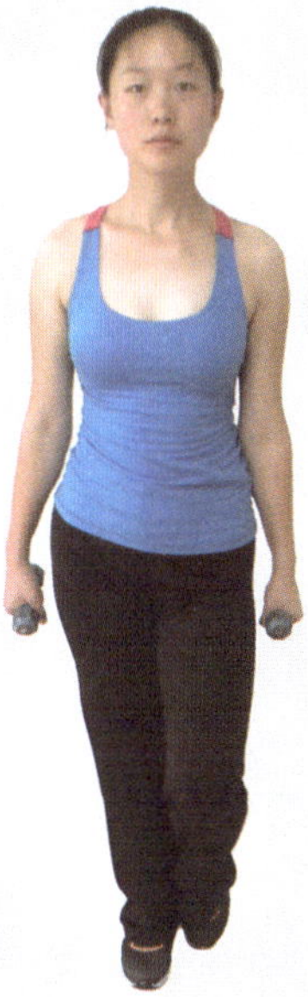

6

左脚收回，靠向右脚；
左腿屈膝，脚尖轻点地；
右腿绷直。

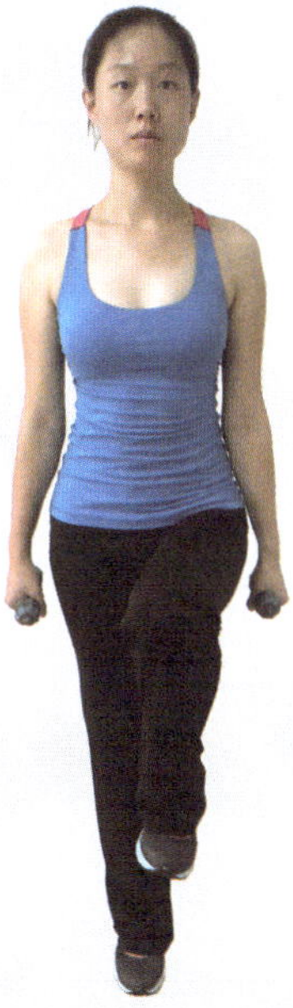

7

上提左脚，小腿垂直于地面。

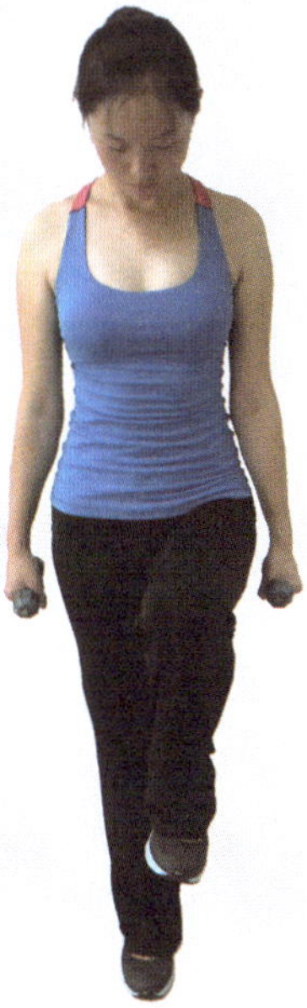

8

双手紧握哑铃，双臂垂在体侧；
低头的同时向前俯腰；
眼睛望向地面。

2 2345678

1-2

双臂由后向前绕环后前伸；

手臂伸直后手略高于肩；

扭转腕部，手心朝下。

3-4

双臂屈肘，用力收于腰间；

肘关节贴紧腰部，扭转腕部，手心朝上；

上身直立，左脚姿势不变；

眼睛平视正前方。

5-6

双臂由后向前绕环后前伸；

手臂伸直后手略高于肩；

扭转腕部，手心朝下。

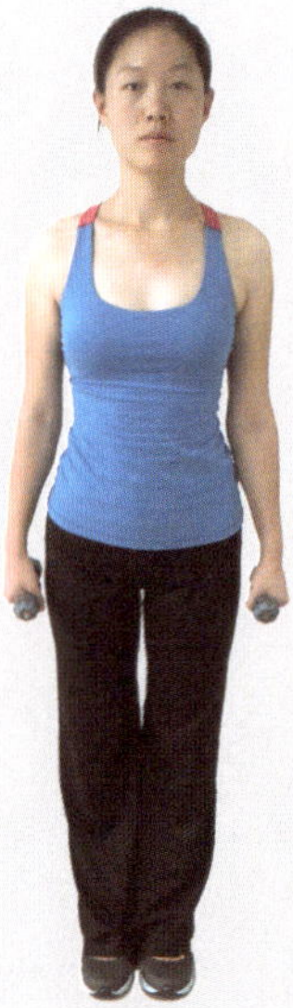

7-8

恢复到预备姿势。

1

双手握紧哑铃，双臂垂放在身体两侧；
上体直立；
右脚向右跨一步，右腿绷直；
右脚脚尖外展、点地，右脚脚尖比左脚脚尖略靠后；
屈左膝，向左顶胯，重心落在左脚。

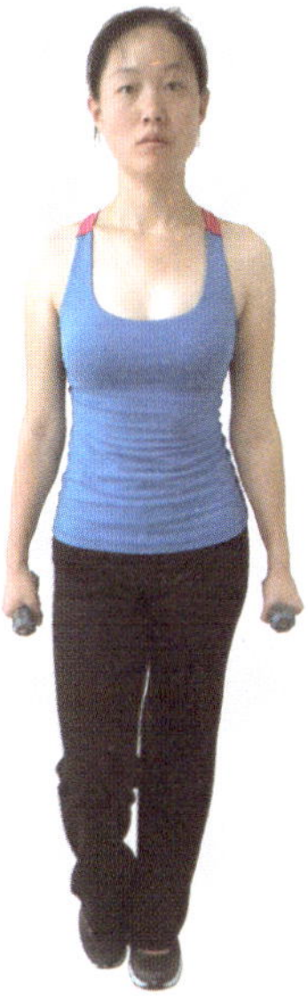

2

右脚收回，靠向左脚；
右腿屈膝，脚尖轻点地；
左腿绷直。

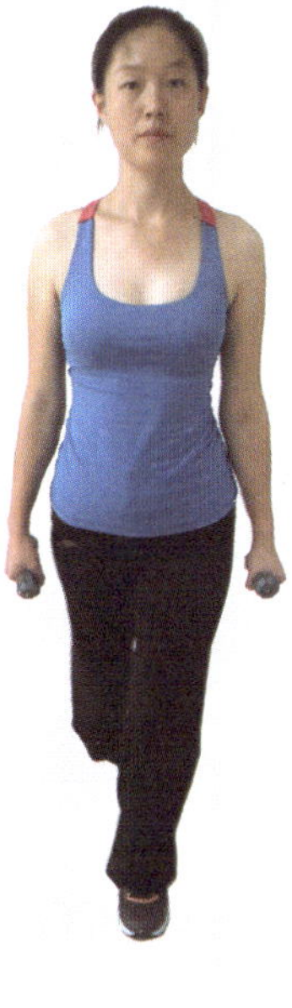

3

右脚向后撤一步，脚尖点地；
右腿绷直，屈左膝。

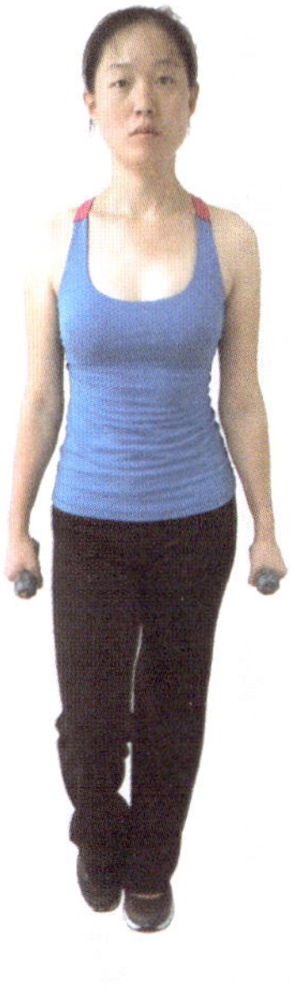

4

右脚收回，靠向左脚；
右腿屈膝，脚尖轻点地；
左腿绷直。

5

双手握紧哑铃，双臂垂放在身体两侧；
上体直立；
右脚向右跨一步，右腿绷直；
右脚脚尖外展、点地，右脚脚尖比左脚脚尖略靠后；
屈左膝，向左顶胯，重心落在左脚。

6

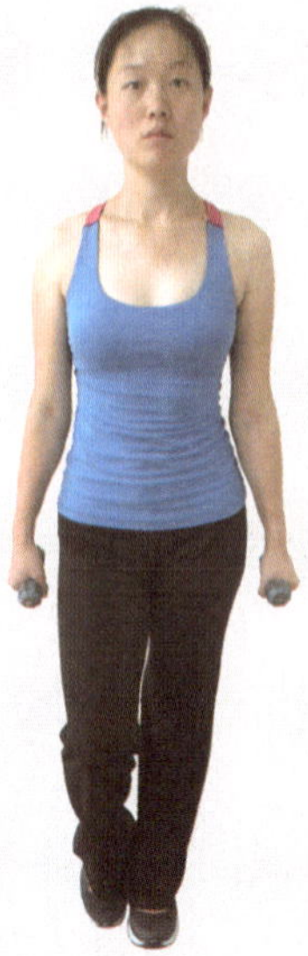

右脚收回，靠向左脚；
右腿屈膝，脚尖轻点地；
左腿绷直。

7

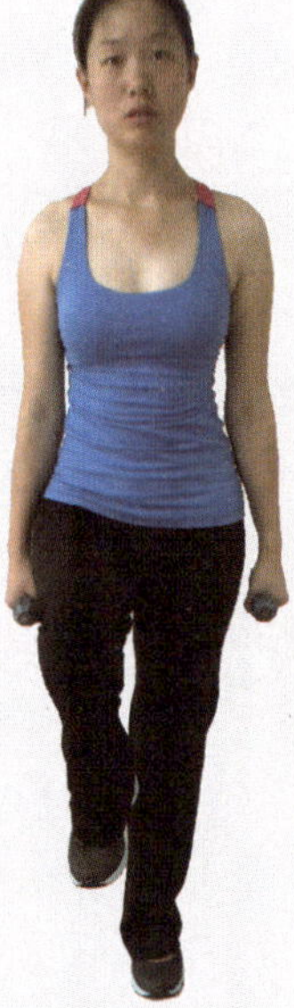

上提右脚，小腿垂直于地面。

8

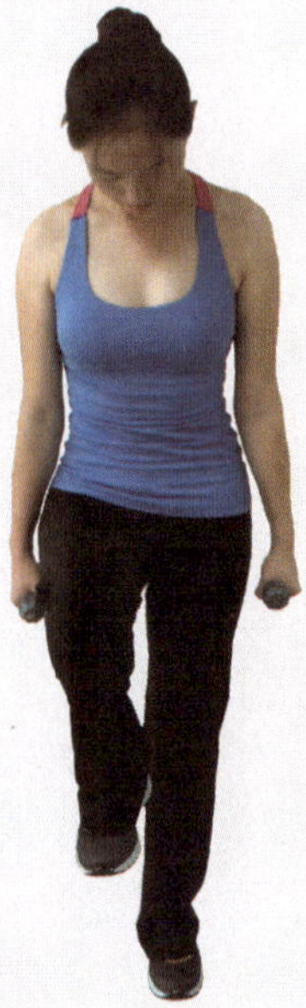

双手紧握哑铃，双臂垂在体侧；
低头的同时向前俯腰；
眼睛望向地面。

42345678

1–2

双臂由后向前绕环后前伸；
手臂伸直后手略高于肩；
扭转腕部，手心朝下。

3–4

双臂屈肘，用力收于腰间；
肘关节贴紧腰部，扭转腕部，手心朝上；
上身直立，左脚姿势不变；
眼睛平视正前方。

5–6

双臂由后向前绕环后前伸；
手臂伸直后手略高于肩；
扭转腕部，手心朝下。

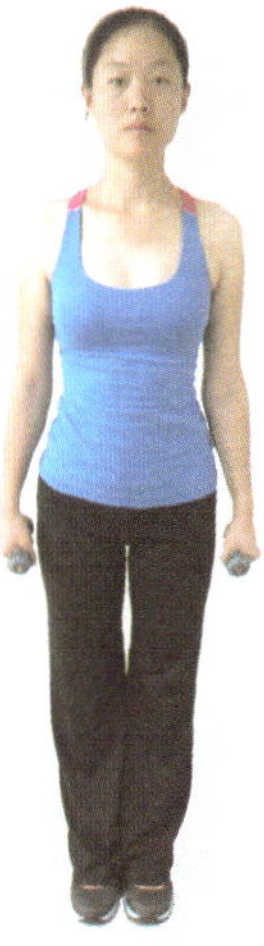

7–8

恢复到预备姿势。

重复前4个8拍的动作，完成共8个8拍的练习。

第六节 4个8拍

1 2345678

1

左脚向左跨一步，脚尖外展；
双手同时握紧哑铃；
双臂屈肘，向上拉起，收于胸前。

2

右脚靠向左脚，脚尖点地，重心下沉；
双臂由上向后侧拉伸；
肘关节尽量向身体夹紧；
收腹挺胸。

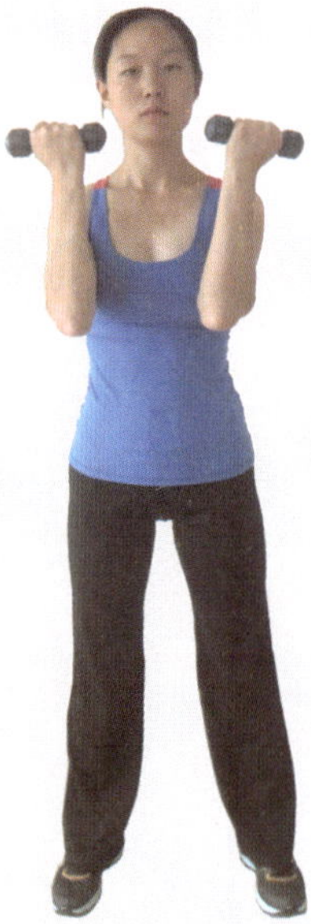

3

右脚向右跨一步，脚尖外展；
双手同时握紧哑铃；
双臂屈肘，向上拉起，收于胸前。

4

左脚靠向右脚，脚尖轻点地，重心下沉；
双臂由上向后侧拉伸；
肘关节尽量向身体夹紧；
收腹挺胸。

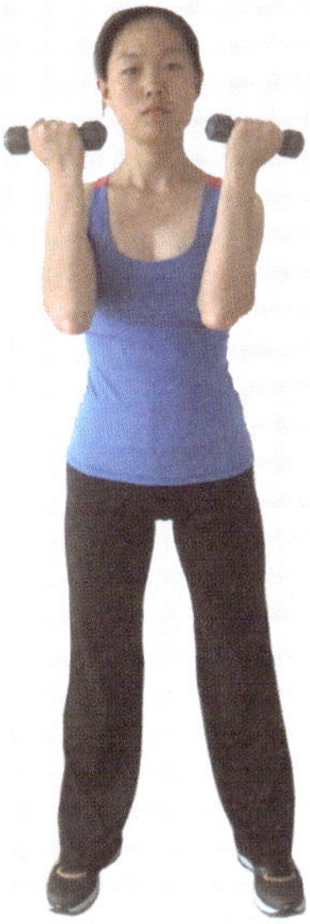

5

左脚向左跨一步，脚尖外展；
双手同时握紧哑铃；
双臂屈肘，向上拉起，收于胸前。

6

右脚靠向左脚，脚尖点地，重心下沉；
双臂由上向后侧拉伸；
肘关节尽量向身体夹紧；
收腹挺胸。

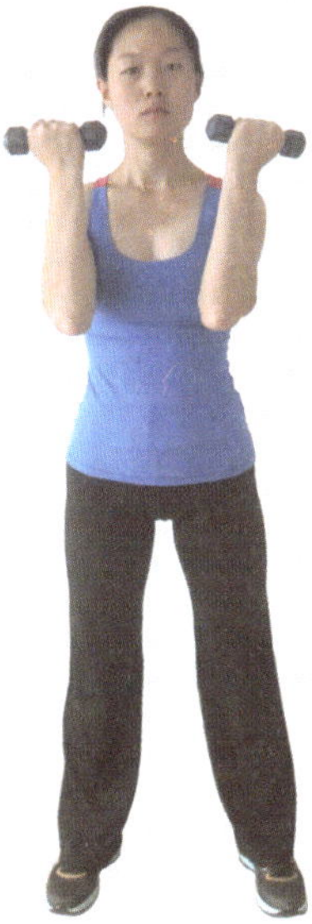

7

右脚向右跨一步，脚尖外展；
双手同时握紧哑铃；
双臂屈肘，向上拉起，收于胸前。

8

左脚靠向右脚，脚尖轻点地，重心下沉；
双臂由上向后侧拉伸；
肘关节尽量向身体夹紧；
收腹挺胸。

2 2345678

1

左脚向左跨一大步；双臂侧平举；扭转腕部，手心朝前。

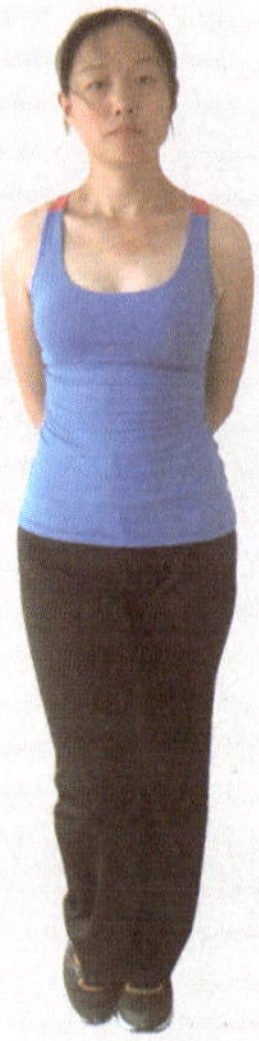

2

右脚靠向左脚，脚尖点地，重心下沉；双臂收回，在身体后交叉。

3

右脚向右跨一大步，重心向上；双臂侧平举；扭转腕部，手心朝前。

4

左脚靠向右脚，脚尖轻点地；双臂收回，在身体后交叉。

5

左脚向左跨一大步；
双臂侧平举；
扭转腕部，手心朝前。

6

右脚靠向左脚，脚尖点地，重心下沉；
双臂收回，在身体后交叉。

7

右脚向右跨一大步，重心向上；
双臂侧平举；
扭转腕部，手心朝前。

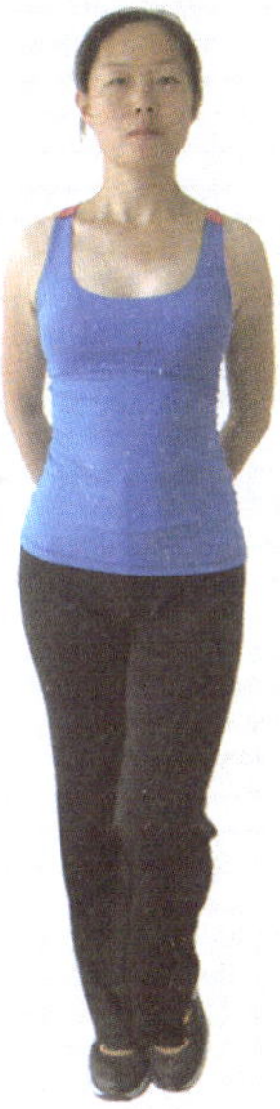

8

左脚靠向右脚，脚尖轻点地；
双臂收回，在身体后交叉。

3 2345678

1

左脚向左跨一步，脚尖点地；双臂向上打开，成八字形上举，手心朝前；不要含胸。

2

左脚靠向右脚，脚尖轻点地，重心下沉；双臂胸前交叉；腕关节向内扭转，手心向内。

3

右脚向右跨一步；双臂向下打开，分于身体两侧；双手稍离开身体。

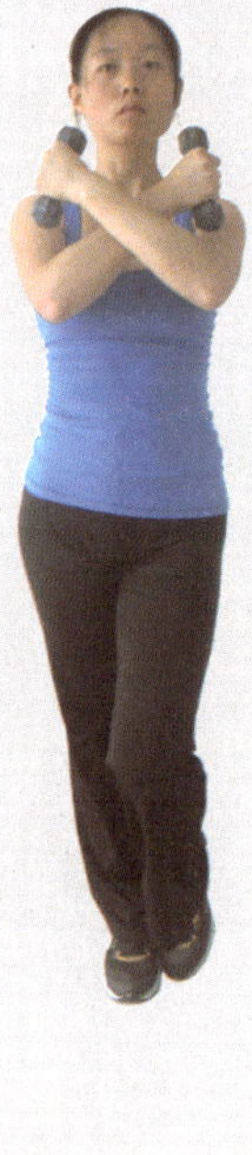

4

左脚靠向右脚，脚尖轻点地；双臂胸前交叉；腕关节向内扭转，手心向内。

5

右脚向右跨一步，脚尖点地；
双臂向上打开，成八字形上举，手心朝前；
不要含胸。

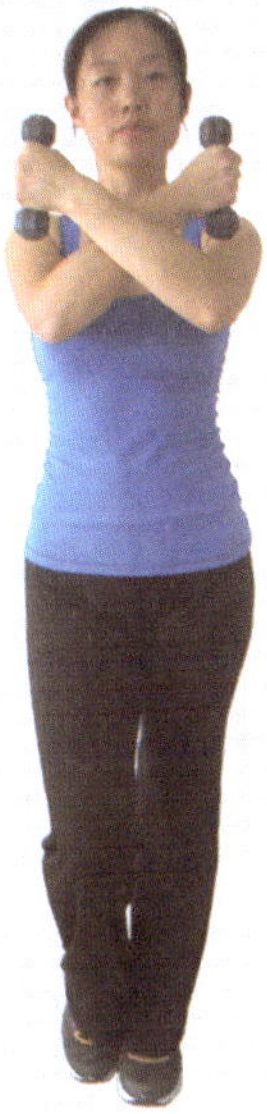

6

右脚靠向左脚，脚尖轻点地，重心下沉；
双臂胸前交叉；
腕关节向内扭转，手心向内。

7

左脚向左跨一步；
双臂向下打开，分于身体两侧；
双手稍离开身体。

8

左脚靠向右脚，脚尖轻点地；
双臂胸前交叉；
腕关节向内扭转，手心向内。

42345678

1

左脚向左斜后方撤一大步，脚尖点地；屈右膝，重心落在右脚上；腿部动作的同时向右转体；左臂顺势置于身前，右臂置于身后。

2

收回右脚，右腿伸直；双臂自然放于体侧；恢复到预备姿势。

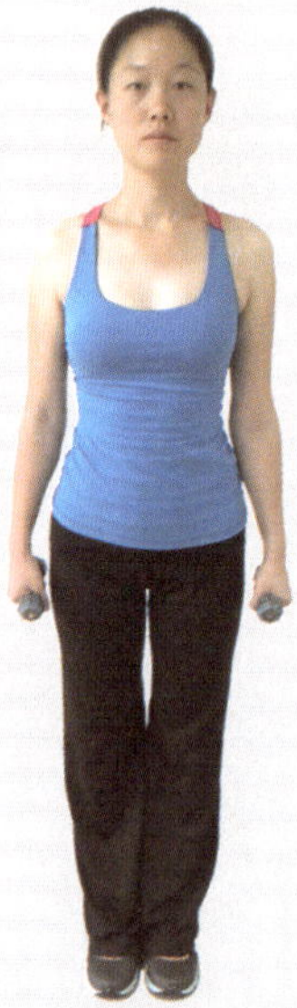

3-4

双臂打开，与身体成 45 度角；在体侧向内绕动腕关节；

5-6

右脚向右斜后方撤一大步，脚尖点地；
屈左膝，重心落在左脚上；
腿部动作的同时向右转体；
右臂顺势置于身前，左臂置于身后。

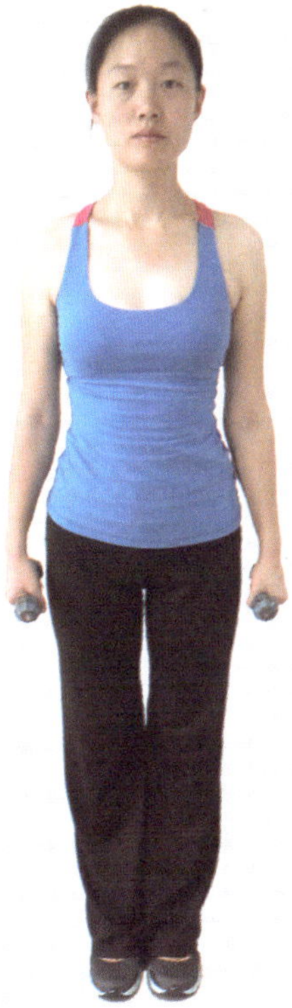

7-8

收回左脚，左腿伸直；
双臂自然放于体侧；
恢复到预备姿势。

第七节 6个8拍

1 2345678

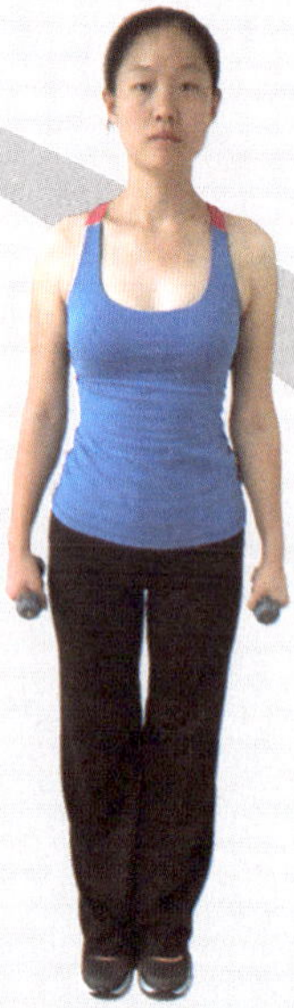

成预备姿势站立，双臂自然下垂；双眼平视正前方；准备进行跳跃运动。

1–2

两脚左右跳跃、打开，略比肩宽；脚尖外展，重心下沉；双臂由体侧提至腰间，发力上举，手臂伸直；腕部扭转，手心朝前。

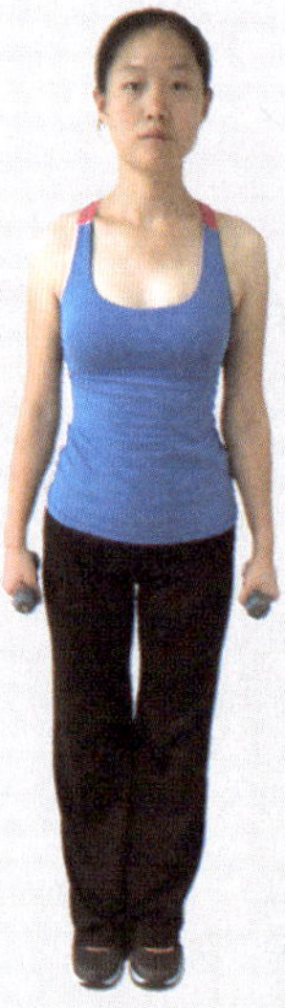

3–4

跳跃，落地时双脚并拢；跳跃的同时双臂放下，恢复到预备姿势。

12345678

5-6

两脚左右跳跃、打开，略比肩宽；脚尖外展，重心下沉；双臂由体侧提至腰间，发力上举，手臂伸直；腕部扭转，手心朝前。

7-8

跳跃，落地时双脚并拢；跳跃的同时双臂放下，恢复到预备姿势。

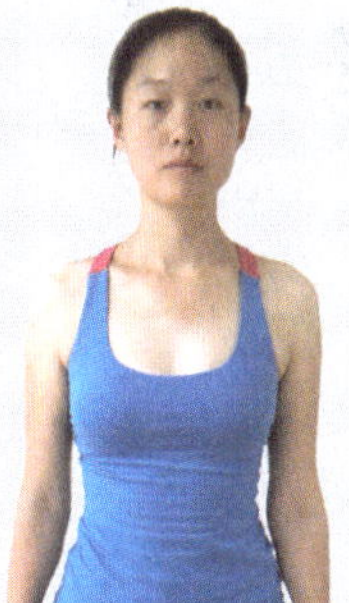

2 2345678

1

双脚跳开，成左弓步；
右腿绷直，左腿屈膝；
上体稍左转；
左臂垂直上举，左大臂贴耳朵；
右臂前伸，平行于地面。
上体直立，不要前倾或后仰。

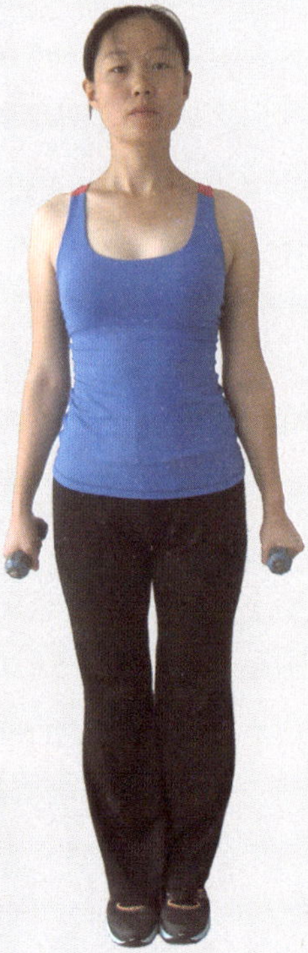

2

跳跃，落地时双脚并拢；
跳跃的同时双臂放下，恢复到预备姿势。

2 2345678

3

双脚跳开，成右弓步；

左腿绷直，右腿屈膝；

上体稍右转；

右臂垂直上举，右大臂贴耳朵；

左臂前伸，平行于地面。

上体直立，不要前倾或后仰。

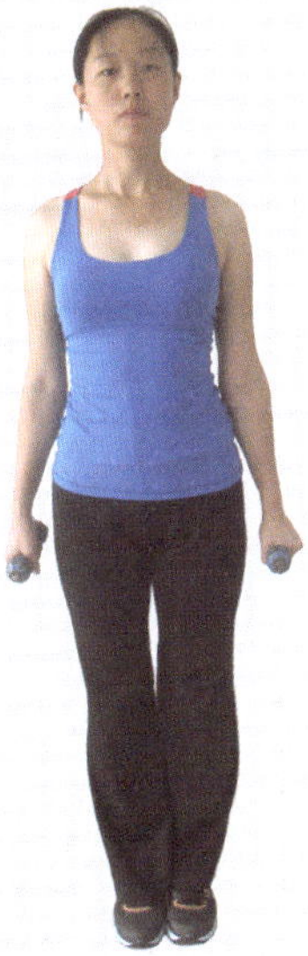

4

跳跃，落地时双脚并拢；

跳跃的同时双臂放下，恢复到预备姿势。

5

双脚跳开，成右弓步；

左腿绷直，右腿屈膝；

上体稍右转；

右臂垂直上举，右大臂贴耳朵；

左臂前伸，平行于地面。

上体直立，不要前倾或后仰。

2 2345678

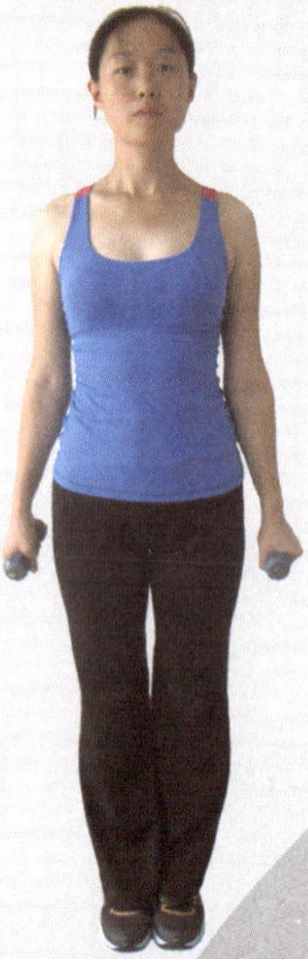

6

跳跃，落地时双脚并拢；
跳跃的同时双臂放下，
恢复到预备姿势。

7

双脚跳开，成左弓步；
右腿绷直，左腿屈膝；
上体稍左转；
左臂垂直上举，左大臂贴耳朵；
右臂前伸，平行于地面。
上体直立，不要前倾或后仰。

8

跳跃，落地时双脚并拢；
跳跃的同时双臂放下，
恢复到预备姿势。

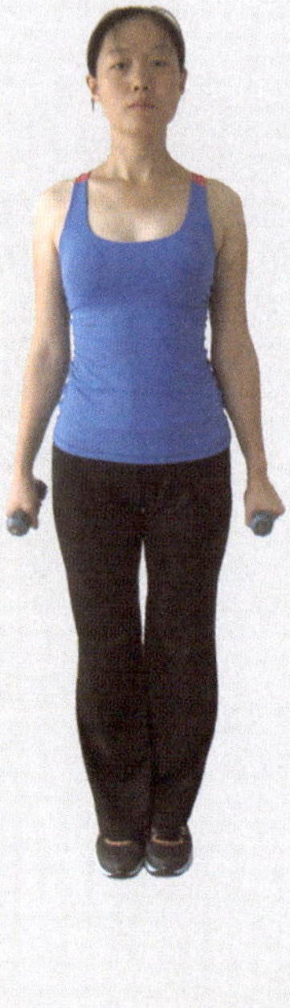

3 2345678

1

双脚跳跃；同时双臂上举；手心朝前，握紧哑铃。

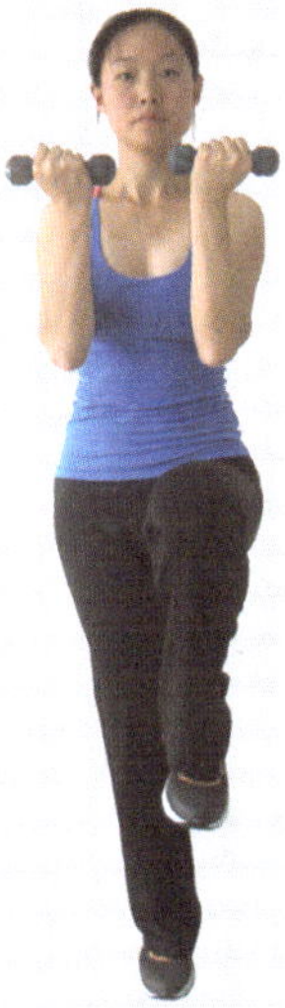

2

跳提左腿，脚尖绷直，小腿垂直于地面；腕关节向内扭转，手心向内；屈肘，双臂收于胸前。

3

跳跃的同时放下左脚；双臂上举；腕关节向外扭转，手心朝前。

4

跳提右腿，脚尖绷直，小腿垂直于地面；腕关节向内扭转，手心向内；屈肘，双臂收于胸前。

32345678

5

双脚跳跃；同时双臂上举；手心朝前，握紧哑铃。

6

跳提右腿，脚尖绷直，小腿垂直于地面；腕关节向内扭转，手心向内；屈肘，双臂收于胸前。

7

跳跃的同时放下左脚；双臂上举；腕关节向外扭转，手心朝前。

8

跳跃，落地时双脚并拢；双臂放下，恢复成预备式。

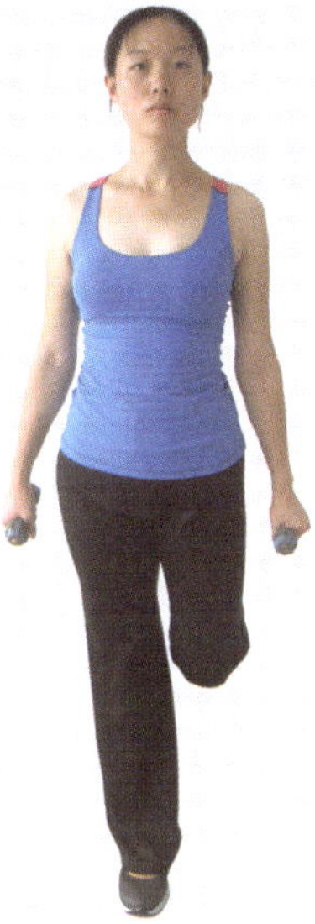

1

跳跃，放下右腿，跳提左腿；
双臂自然下垂；
上身保持直立状态。

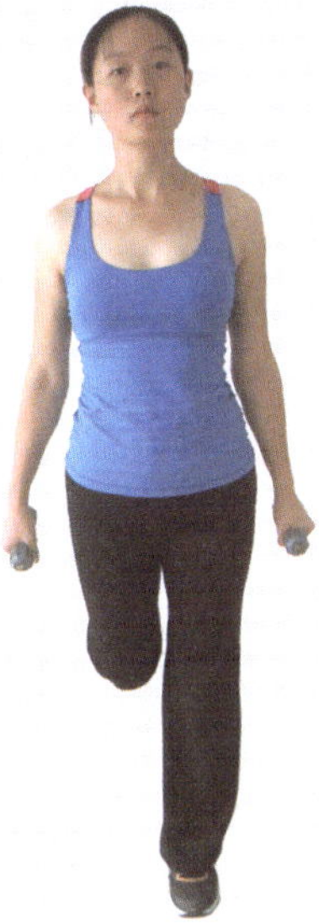

2

跳跃，放下左脚腿，跳提右腿；
双臂自然下垂；
上身保持直立状态。

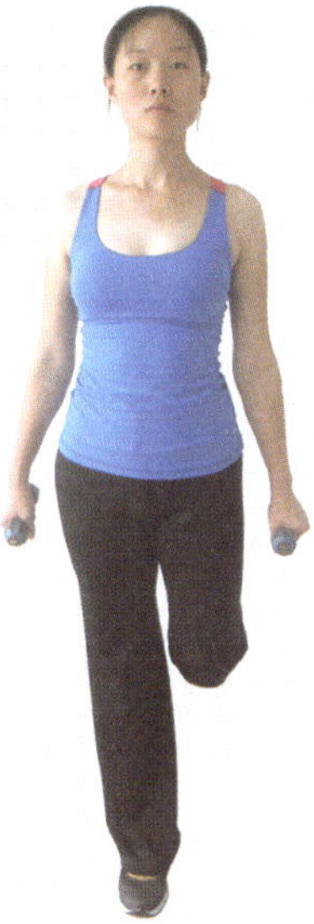

3

跳跃，放下右腿，跳提左腿；
双臂自然下垂；
上身保持直立状态。

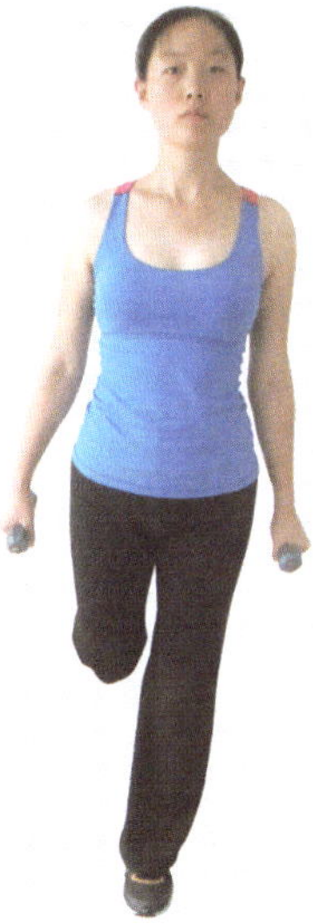

4

跳跃，放下左腿，跳提右腿；
双臂自然下垂；
上身保持直立状态。

42345678

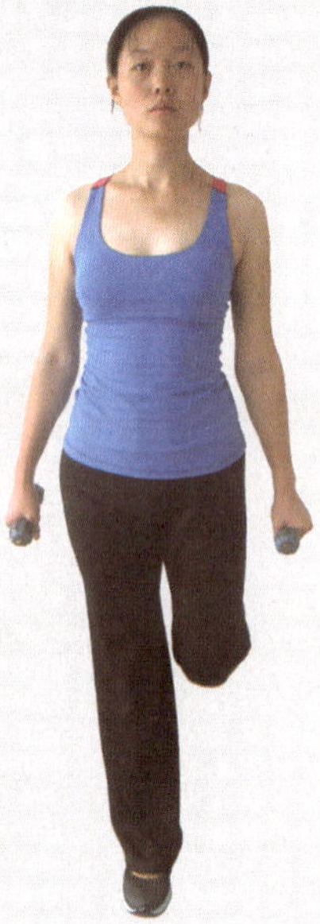

5

跳跃，放下右腿，跳提左腿；双臂自然下垂；上身保持直立状态。

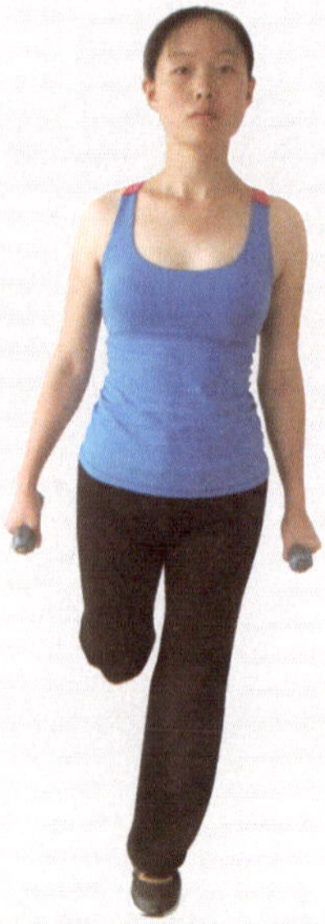

6

跳跃，放下左腿，跳提右腿；双臂自然下垂；上身保持直立状态。

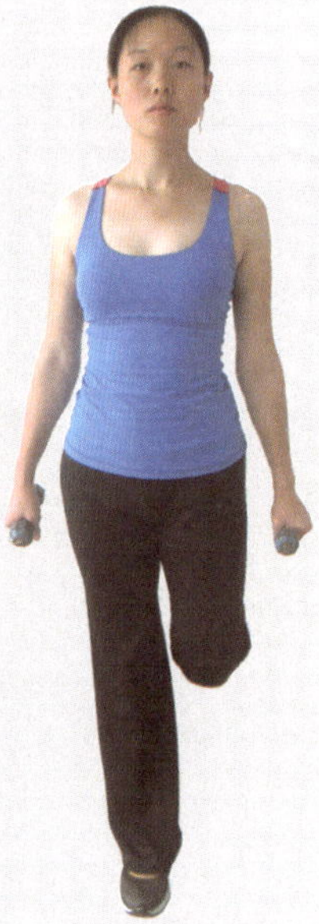

7

跳跃，放下右腿，跳提左腿；双臂自然下垂；上身保持直立状态。

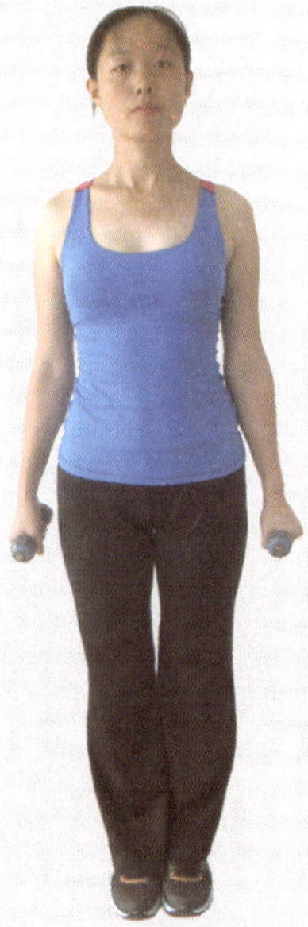

8

跳跃，落地时双脚并拢；双臂放下，恢复成预备式。

52345678

1

跳跃，右脚落地，跳提左脚；左腿小腿后抬，脚背绷直，大腿垂直于地面；转动腕关节，手心朝后。

2

跳跃的同时左腿前踢；双臂由下向上前推至伸平。

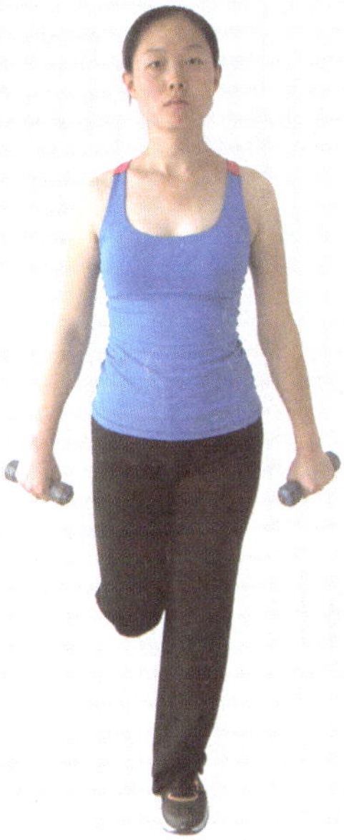

3

跳跃，左脚落地，跳提右脚；右腿小腿后抬，脚背绷直，大腿垂直于地面；转动腕关节，手心朝后。

4

跳跃的同时右腿前踢；双臂由下向上、向前推至伸平。

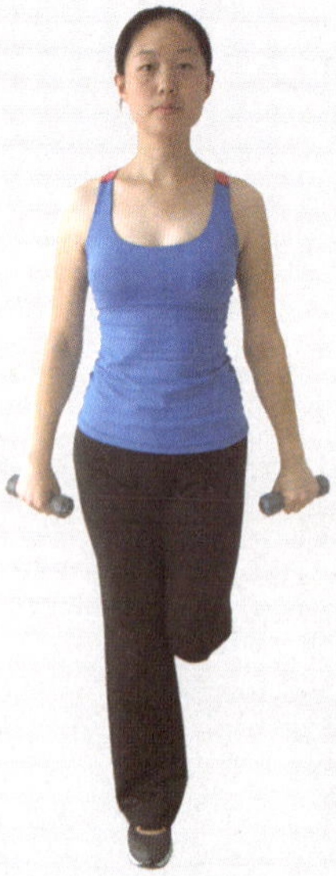

5

跳跃，右脚落地，跳提左脚；
左腿小腿后抬，脚背绷直，大腿垂直于地面；
转动腕关节，手心朝后。

6

跳跃的同时左腿前踢；
双臂由下、向上前推至伸平。

7

跳跃，左脚落地，跳提右脚；
右腿小腿后抬，脚背绷直，大腿垂直于地面；
转动腕关节，手心朝后。

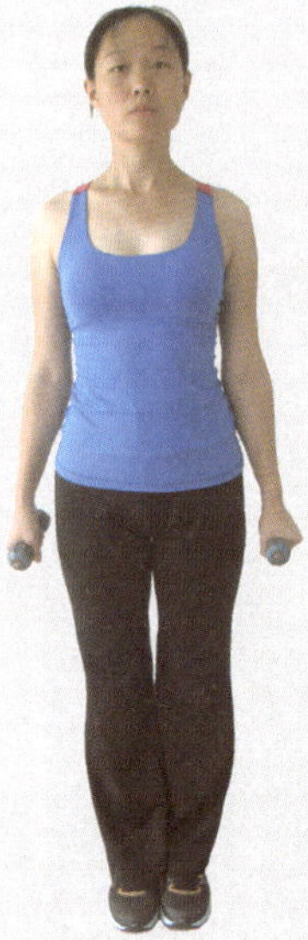

8

跳跃，双脚并拢；
双臂放下，恢复到预备姿势。

62345678

1

跳提左腿，左脚置于右脚后侧；
同时双臂向右摆动。

2

向左弹踢左腿；
同时双臂由右往左摆动。

3

跳提右腿，右脚置于左脚后侧；
同时双臂向左摆动。

4

向右弹踢右腿；
同时双臂由左往右摆动。

6 2345678

5

跳提左腿，左脚置于右脚后侧；
同时双臂向右摆动。

6

向左弹踢左腿；
同时双臂由右往左摆动。

7

跳提右腿，右脚置于左脚后侧；
同时双臂向左摆动。

8

向右弹踢右腿；
同时双臂由左往右摆动。

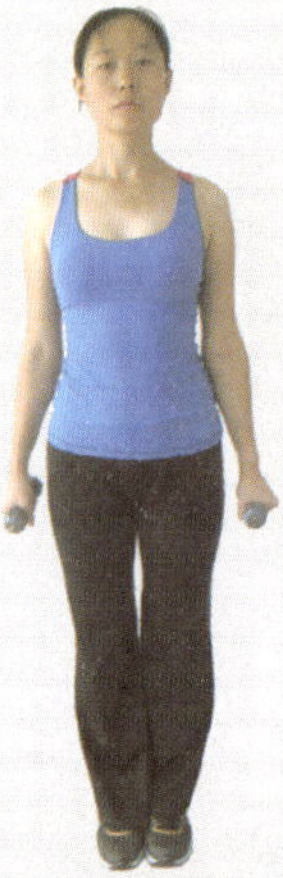

跳跃，落地时双脚并拢；
双臂放下，恢复到预备姿势。

第三部分　垫上美臂训练

第一节 4个8拍

1 2345678

1-2 蹲下，左腿后伸，脚尖点地；
屈右膝，膝盖前顶；
双臂伸直，手握哑铃接触地面。

3-8 放下哑铃，十指张开撑地；
双手距离与肩同宽；
右腿后伸，双脚脚尖点地，成俯卧撑姿势；
头、身、腿在同一直线上。

1-4 屈肘，向下俯撑；
胸部尽量接触地面。

5-8 伸直手臂，支撑身体向上。
动作过程中，身体成一条直线。

32345678

1-4 屈肘，向下俯撑；
胸部尽量接触地面。

5-8 伸直手臂，支撑身体向上。
动作过程中，身体成一条直线。

42345678

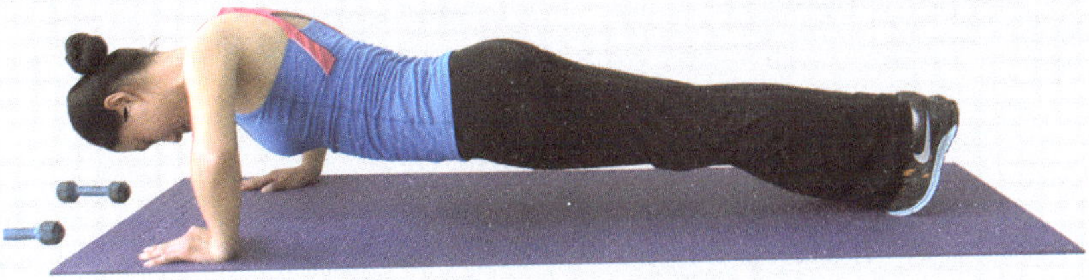

1-4 屈肘，向下俯撑；
胸部尽量接触地面。

5-8 伸直手臂，支撑身体向上。
动作过程中，身体成一条直线。

复原：
放下哑铃，十指张开撑地；
双手距离与肩同宽；
右腿后伸，双脚脚尖点地，成俯卧撑姿势；
头、身、腿在同一直线上。

第二节 8个8拍

1-2 上身立起；
左腿伸直，右腿屈膝；
双臂分于右膝双侧；
双手用指尖触地；
头部转向正前方，双眼平视正前方。

3-8 手握哑铃，身体仰卧，头、背贴紧地面；
双腿屈膝，大小腿之间约成90度角；
双手握紧哑铃，双臂打开，放于身体两侧的地面上。

2 2345678

1–4 双臂上举，垂直地面；
双手手心相对；
双脚姿势不变。

5–8 双臂打开，缓慢放下，
分放于身体两侧的地面上；
双脚姿势不变。

3 2 3 4 5 6 7 8

1–2 上身立起；
右腿伸直，左腿屈膝；
双臂分于左膝双侧；
双手用指尖触地；
头部转向正前方，双眼平视正前方。

3–8 手握哑铃，身体仰卧，头、背贴紧地面；
双腿屈膝，大小腿之间约成 90 度角；
双手握紧哑铃，双臂打开，放于身体两侧的地面上。

1-4 双臂上举，垂直地面；
双手手心相对；
双脚姿势不变。

5-8 双臂打开，缓慢放下，分放于身体两侧的地面上；
双脚姿势不变。

52345678

1–4 双脚并拢，保持屈膝的状态，向身体靠拢；同时头、颈、双臂一并向上，也向身体靠拢；肘关节尽量能接触到膝关节。

5–8 上身下落，头、背落地；同时双脚落地，保持屈膝的姿势；双臂上举置于头顶的地面上。

1-4 双脚并拢，保持屈膝的状态，向身体靠拢；
同时头、颈、双臂一并向上，也向身体靠拢；
肘关节尽量能接触到膝关节。

5-8 上身下落，头、背落地；
同时双脚落地，保持屈膝的姿势；
双臂上举置于头顶的地面上。

7 2345678

1–4

双脚并拢，保持屈膝的状态，向身体靠拢；
同时头、颈、双臂一并向上，也向身体靠拢；
肘关节尽量能接触到膝关节。

5–8

上身下落，头、背落地；
同时双脚落地，保持屈膝的姿势；
双臂上举置于头顶的地面上。

1-4 放下哑铃，右脚内收，脚底贴紧大腿根部；
左腿伸直，脚面绷直；
上体直立，坐在地面上；
右手掌撑地，左臂斜上举，手臂伸直；
眼睛平视正前方。

5-8 双手辅助，双腿撑起；
恢复到预备姿势。